2y95

D1361011

Saveurs des bois

POISSONS
D'EAU DOUCE

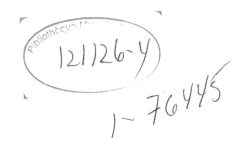

Données de catalogage avant publication (Canada)

Gagnon-Lalanne, Véronique

Poissons d'eau douce

(Saveurs des bois)
Comprend un index

ISBN 2-89568-160-0

1. Cuisine (Poisson). 2. Poissons d'eau douce. I. St-Pierre, Anie. II. Titre. III. Collection.

TX747.G33 2003   641.6'92   C2003-940627-X

Révision linguistique :	Diane Baril
Correction d'épreuves :	Claire Morasse
Photographie :	Tango photographie
Conception graphique et mise en pages :	Cyclone Design Communications
Index :	Diane Baril

Nous reconnaissons l'aide financière du gouvernement du Canada par l'entremise du Programme d'aide au développement de l'industrie de l'édition (PADIÉ) pour nos activités d'édition; du Conseil des Arts du Canada; de la SODEC; du gouvernement du Québec par l'entremise du Programme de crédit d'impôt pour l'édition de livres (gestion SODEC).

Dépôt légal 2003
Bibliothèque nationale du Québec

Les auteures tiennent à remercier les personnes qui ont participé à la réalisation de ce livre en apportant leur soutien de diverses façons.

Les pêcheries Norref
Sophie Provencher
L'équipe des Éditions du Trécarré pour son soutien et la confiance qu'elle nous témoigne.

Imprimé au Canada

Table des matières

Introduction

Ce livre met en vedette une dizaine de poissons d'eau douce différents. Au fil des pages, vous découvrirez diverses façons de les apprêter, d'en maximiser la tendreté et la texture et d'en rehausser la saveur. Nous vous proposons des recettes simples et variées qui sauront combler tous les goûts, des plus traditionnels aux plus exotiques, et convenir autant aux menus de tous les jours qu'à ceux des grandes occasions.

La meilleure façon de conserver les poissons frais est de les sangler. Cette méthode consiste à déposer les poissons éviscérés sur un linge propre, préalablement étendu sur une grille au fond d'un plat ou d'un bac ; on les recouvre ensuite d'un autre linge, avant de couvrir le tout de glace concassée ou en cubes. De cette façon, les poissons frais se conserveront au réfrigérateur de cinq à six jours après avoir été pêchés, pourvu qu'ils ne baignent pas dans l'eau au fond du bac et qu'ils soient toujours couverts de glace.

1. Pour conserver ses prises plus longtemps, il faudra les congeler ; attention toutefois aux délais de congélation trop longs qui altéreraient la chair du poisson en la durcissant. Il est recommandé de conserver le poisson six mois tout au plus, en appliquant les règles de base suivantes : toujours laver, vider et écailler le poisson avant la congélation.

2. L'emballer de façon adéquate, sous vide ou en utilisant une pellicule de plastique, de préférence au papier d'aluminium qui laisserait beaucoup trop d'air autour du poisson.

3. Toujours étiqueter le poisson en indiquant la date de congélation et ne jamais recongeler un poisson décongelé, à moins qu'il n'ait été cuit.

Certaines précautions relatives à la provenance du poisson s'imposent aussi. Dans un cours d'eau pollué, les poissons emmagasinent des taux de métaux lourds – le mercure, par exemple – qui excèdent souvent les normes. Cela peut occasionner des problèmes de santé, surtout si le poisson est consommé en grande quantité. Voilà pourquoi il est recommandé aux personnes en bonne santé de ne consommer le produit de leur pêche qu'une fois par semaine. Pour les jeunes enfants, les femmes enceintes ou qui allaitent et les personnes âgées ou malades, une telle consommation devrait être encore plus réduite.

À noter : On peut conserver les arêtes et les parures des poissons à chair blanche pour concocter d'excellents fumets qui aromatiseront à merveille les sauces et les préparations à base de poisson.

Fumet de poisson

Méthode

1. Dans une grande casserole, fondre le beurre et y faire revenir les arêtes 5 minutes.

2. Ajouter les légumes et poursuivre la cuisson pendant 5 minutes.

3. Déglacer avec le vin. Porter à ébullition et laisser réduire de moitié.

4. Ajouter le reste des ingrédients et laisser mijoter 25 minutes à feu doux, sans faire bouillir.

5. Passer au tamis et utiliser dans vos préparations à base de poisson.

Ingrédients

15 ml	beurre *ou* huile	1 c. à soupe
790 g	arêtes et parures de poisson blanc	1 3/4 lb
1	oignon haché	1
1	blanc de poireau, émincé	1
2	branches de céleri, émincées	2
2	échalotes françaises, hachées	2
375 ml	champignons tranchés	1 1/2 tasse
125 ml	vin blanc	1/2 tasse
1	citron tranché	1
1 litre	eau	4 tasses
1 ml	thym	1/4 c. à thé
1	feuille de laurier	1
10	grains de poivre	10
1	bouquet de persil	1

Soupe de poisson au riz

Ingrédients

15 ml	huile	1 c. à soupe
1 ou 2	gousses d'ail hachées	1 ou 2
1	oignon haché	1
250 ml	céleri émincé	1 tasse
250 ml	bulbe de fenouil, émincé	1 tasse
125 ml	vin blanc sec	1/2 tasse
1,375 ml	fumet (bouillon) de poisson	5 1/2 tasses
160 ml	riz arborio *ou* autre riz à grain rond	2/3 tasse
	sel et poivre du moulin au goût	
450 g	chair de poisson d'eau douce, en morceaux	1 lb
60 ml	brins de fenouil haché	1/4 tasse

Méthode

1. Dans une grande casserole, chauffer l'huile et y faire revenir l'ail, l'oignon, le céleri et le fenouil.

2. Mouiller avec le vin blanc et le fumet, porter à ébullition.

3. Ajouter le riz et poursuivre la cuisson jusqu'à ce qu'il soit tendre. Saler et poivrer.

4. Ajouter le poisson et poursuivre la cuisson de 3 à 5 minutes.

5. Rectifier l'assaisonnement et ajouter les brins de fenouil juste avant de servir.

Canapés de poisson
à la provençale

Ingrédients

1	poivron rouge	1
1	poivron jaune	1
1	pain baguette, tranché en biais	1
5 ml	huile d'olive	1 c. à thé
2	gousses d'ail, hachées	2
1	échalote française, hachée	1
30 ml	câpres	2 c. à soupe
60 ml	olives noires, tranchées	1/4 tasse
225 g	chair de poisson d'eau douce, cuite et émiettée	1/2 lb
30 ml	pesto (maison *ou* commercial)	2 c. à soupe
1/2	citron – jus	1/2
	sel et poivre du moulin au goût	

Méthode

1. Préchauffer le four ou le gril à 200 °C (400 °F).

2. Couper les poivrons en deux, les vider et les faire griller jusqu'à ce que la peau soit noire.

3. Peler les poivrons et les couper en fines lanières.

4. Pour faire des croûtons, mettre les tranches de baguette au centre du four pendant 10 minutes ou jusqu'à ce qu'elles soient dorées.

5. Dans une poêle, chauffer l'huile et faire revenir l'ail et l'échalote.

6. Ajouter les poivrons, les câpres et les olives.

7. Incorporer le poisson, le pesto, le jus de citron et assaisonner. Réchauffer et servir sur les tranches de baguette.

Mousse aux deux poissons

Ingrédients

150 g	chair de poisson d'eau douce blanc, cuite (brochet, achigan, doré, bar, crapets, etc.)	**1/3 lb**
125 ml	crème à fouetter 35 %	**1/2 tasse**
30 ml	ciboulette fraîche, hachée	**2 c. à soupe**
1/2	citron – jus	**1/2**
	sel et poivre du moulin au goût	
150 g	chair de saumon, cuite	**1/3 lb**
1/2	lime – jus	**1/2**

Méthode

1. Au robot culinaire, hacher le poisson. Ajouter la moitié de la crème, la moitié de la ciboulette et le jus de citron.

2. Remuer quelques minutes ou jusqu'à ce que le mélange devienne épais. Saler et poivrer généreusement. Réserver.

3. Réutiliser le robot culinaire (sans le rincer) pour faire la mousse de saumon (ou de truite). Suivre les mêmes étapes qu'avec le poisson blanc en remplaçant le jus de citron par le jus de lime.

4. Partager les préparations dans des ramequins en créant des motifs avec les deux couleurs de mousses.

5. Réfrigérer de 2 à 4 heures avant de servir. Servir avec des câpres et des rondelles d'oignon rouge. Tartiner la préparation sur des craquelins ou en garnir des feuilles d'endives.

Pâté de poisson au cumin

Ingrédients

15 ml	beurre	1 c. à soupe
1	oignon haché	1
60 ml	vin blanc *ou* fumet	1/4 tasse
10 ml	cumin moulu	2 c. à thé
1 litre	pommes de terre pelées et coupées en dés	4 tasses
2 à 3 litres	eau froide	8 à 12 tasses
15 ml	gros sel	1 c. à soupe
15 ml	beurre	1 c. à soupe
125 ml	crème 10 %	1/2 tasse
450 g	poisson d'eau douce cuit, sans arêtes et sans peau	1 lb
30 ml	persil frais haché	2 c. à soupe
1	abaisse de pâte brisée	1
1	œuf battu	1
1	dessus de pâte brisée	1
	sel et poivre du moulin au goût	

Méthode

1. Préchauffer le four à 180 °C (350 °F).

2. Dans une grande casserole, fondre le beurre et y faire revenir l'oignon jusqu'à ce qu'il soit doré.

3. Déglacer avec le vin blanc, incorporer le cumin et laisser réduire presque à sec. Retirer de la casserole et réserver.

4. Dans la même casserole, cuire les pommes de terre avec l'eau et le sel. Porter à ébullition et mijoter jusqu'à ce qu'elles soient tendres. Égoutter.

5. Incorporer le beurre et la crème. Piler jusqu'à l'obtention d'une préparation onctueuse et sans grumeaux.

6. Ajouter l'oignon et assaisonner au goût.

7. Incorporer le poisson et le persil et verser la préparation dans l'abaisse.

8. Badigeonner le pourtour de l'abaisse avec l'œuf battu. Recouvrir du dessus de pâte et badigeonner d'œuf.

9. Cuire au centre du four jusqu'à ce que la pâte soit bien dorée, de 25 à 30 minutes.

Truite et saumon

Truite

Les truites font partie de la famille des salmonidés. Elles vivent dans les lacs et les rivières aux eaux froides, ou dans la mer – dans ce cas, elles retournent en eau douce pour frayer. La pêche en est très prisée par les amateurs de pêche sportive.

Les truites ont le corps plutôt allongé et aplati latéralement. Elles ont aussi des dents pointues. La coloration de leur chair varie du blanc au rougeâtre, selon l'espèce. Nous traiterons ici de trois espèces de truites qui ont chacune leurs particularités : la truite brune, la truite arc-en-ciel et l'omble de fontaine.

En général, la chair très fine et très recherchée de la truite est mi-grasse – grasse pour la truite arc-en-ciel. Il est important de ne pas en masquer la saveur particulièrement délicate par une préparation trop lourde. Toutes les recettes pour apprêter le saumon conviennent à la truite ; elle est aussi délicieuse fumée.

Saumon

Une seule espèce de saumon vit dans l'océan Atlantique, tandis qu'on en retrouve cinq dans l'océan Pacifique et une en eau douce, de façon permanente. Le saumon naît en eau douce, mais vit de un à quatre ans en mer avant de revenir à son lieu d'origine pour frayer.

C'est un magnifique poisson, très apprécié pour sa chair délicate et savoureuse, mais aussi pour le plaisir de le pêcher. Le saumon est maintenant plus rare qu'autrefois – le saumon de l'Atlantique fut le premier menacé d'extinction à cause de la pêche intensive, des barrages et de la pollution.

Tous les modes de cuisson conviennent au saumon, du moment qu'il est apprêté simplement afin de ne pas en masquer la saveur ; il est aussi bon chaud que froid. Il se conserve de deux à trois jours au réfrigérateur. Attention, il a tendance à rancir rapidement car sa chair est assez grasse – mi-grasse, en fait, pour le saumon de l'Atlantique et le saumon sockeye et grasse, pour le saumon quinnat.

Truite et son coulis de mangue épicé

4 PORTIONS

Ingrédients

15 ml	huile *ou* beurre	1 c. à soupe
1	gousse d'ail, hachée	1
1	échalote française, hachée	1
125 ml	vin blanc	1/2 tasse
1	grosse mangue mûre, pelée et coupée en dés	1
1	lime – jus	1
1 ml	piment du Chili broyé	1/4 c. à thé
4	filets de truite de 150 g (1/3 lb)	4
15 ml	huile	1 c. à soupe
	sel et poivre du moulin au goût	

Méthode

1. Préchauffer le four à 180 °C (350 °F).

2. Dans une casserole, fondre le beurre et y faire suer l'ail et l'échalote.

3. Déglacer avec le vin blanc. Réduire du tiers.

4. Ajouter la mangue et cuire à couvert de 7 à 8 minutes.

5. Pendant ce temps, déposer les filets de truite sur une plaque, les badigeonner d'huile et les assaisonner. Cuire au centre du four de 12 à 15 minutes.

6. Incorporer le jus de lime et le piment de Chili à la préparation de mangue. Poursuivre la cuisson pendant 2 minutes à découvert.

7. Réduire en purée à l'aide du robot culinaire ou du mélangeur et assaisonner au goût.

8. Servir les filets de truite avec le coulis de mangue épicé.

Truite aux vapeurs d'agrumes et de basilic

Ingrédients

10 ml	beurre	2 c. à thé
1	échalote française, hachée	1
1	orange – jus et zeste	1
1	citron – jus et zeste	1
1	lime – jus et zeste	1
125 ml	vin blanc	1/2 tasse
60 ml	basilic frais, ciselé	1/4 tasse
5	grains de poivre	5
4	filets de truite de 150 g (1/3 lb) chacun	4

Méthode

1. Dans la casserole d'un bain-marie (partie inférieure), fondre le beurre et y faire suer l'échalote.

2. Déglacer avec les jus d'agrumes et laisser réduire pendant 1 minute.

3. Ajouter le vin blanc, le basilic, les grains de poivre et les zestes. Laisser réduire du tiers.

4. Couvrir la casserole du panier (partie supérieure trouée). Déposer les filets de poisson et couvrir. Laisser cuire de 5 à 7 minutes, selon l'épaisseur des morceaux. Servir aussitôt, arrosé du jus de cuisson, et accompagner de votre garniture préférée.

Truite en papillote à l'italienne

Ingrédients

4	truites entières de plus de 225 g (1/2 lb)	4
75 ml	huile d'olive	5 c. à soupe
4	feuilles de laurier	4
4	tranches de pancetta	4
2	échalotes françaises, hachées	2
1	tomate fraîche, en dés	1
24	olives vertes, dénoyautées	24
30 ml	persil frais, haché	2 c. à soupe
125 ml	vin blanc sec	1/2 tasse
	poivre du moulin au goût	

Méthode

1. Préchauffer le four ou le gril à 200 °C (400 °F).
2. Déposer chacune des truites au centre d'une feuille de papier d'aluminium préalablement huilée.
3. Déposer sur chaque truite 1 feuille de laurier, 1 tranche de pancetta puis répartir les échalotes, les dés de tomate et les olives. Parsemer de persil.
4. Arroser du vin blanc et poivrer au goût.
5. Refermer le papier pour former des papillotes.
6. Cuire au centre du four ou sur le gril de 12 à 15 minutes, selon la grosseur des truites. Les servir aussitôt, accompagnées de légumes de saison.

Truite pochée aux champignons et à la menthe

Ingrédients

15 ml	huile	1 c. à soupe
1	échalote française, hachée	1
500 ml	champignons tranchés	2 tasses
250 ml	pleurotes tranchés	1 tasse
125 ml	vin blanc	1/2 tasse
5 ml	gingembre frais, haché	1 c. à thé
250 ml	fumet (bouillon) de poisson	1 tasse
45 ml	feuilles de menthe fraîche, hachées	3 c. à soupe
	sel et poivre du moulin au goût	
4	filets de truite de 150 g (1/3 lb) chacun	4

Méthode

1. Préchauffer le four à 180 °C (350 °F).

2. Dans un poêlon allant au four, chauffer l'huile et y faire sauter l'échalote, les champignons et les pleurotes de 4 à 5 minutes.

3. Déglacer au vin blanc, ajouter le gingembre et laisser réduire de moitié.

4. Incorporer le fumet et la menthe. Assaisonner au goût.

5. Déposer les filets de truite dans le bouillon. Couvrir et cuire au centre du four, de 10 à 15 minutes, selon l'épaisseur des morceaux de poisson.

6. Répartir la garniture de champignons dans quatre assiettes et y déposer le poisson. Servir aussitôt.

Truite sauce au citron
et à l'aneth

Ingrédients

| 2 | truites entières de plus de 450 g (1 lb) | 2 |
| | huile pour badigeonner | |

Sauce		
15 ml	beurre	1 c. à soupe
60 ml	oignons verts, hachés	1/4 tasse
180 ml	vin blanc	3/4 tasse
2	citrons – jus	2
30 ml	zeste de citron	2 c. à soupe
30 à 45 ml	aneth frais, haché	2 à 3 c. à soupe
15 ml	ciboulette fraîche, hachée	1 c. à soupe
375 ml	crème 35 % (*ou* 15 % épaisse)	1 1/2 tasse
	sel et poivre du moulin au goût	

Méthode

1. Préchauffer le four à 200 °C (400 °F).

2. Déposer les poissons sur une plaque, les badigeonner d'huile et en assaisonner généreusement la peau et la cavité.

3. Cuire les truites au centre du four de 15 à 20 minutes.

4. Entre-temps, préparer la sauce. Dans une casserole, fondre le beurre à feu moyen et y faire suer les oignons verts.

5. Déglacer avec le vin blanc et le jus de citron. Laisser réduire du tiers.

6. Ajouter le zeste de citron et les herbes.

7. Incorporer la crème, porter à ébullition et laisser mijoter jusqu'à l'obtention d'une consistance onctueuse. Épaissir avec un blanc de cuisson (farine délayée dans de l'eau), si nécessaire.

8. Assaisonner au goût et servir les truites accompagnées de nouilles aux œufs et de légumes de saison.

Truites entières et leur beurre blanc au miel

Ingrédients

30 ml	huile végétale	2 c. à soupe
2	truites entières pesant au moins 450 g (1 lb) chacune	2
80 ml	eau	1/3 tasse
80 ml	vinaigre de vin blanc *ou* vinaigre balsamique blanc	1/3 tasse
250 ml	échalote française, hachée	1 tasse
375 ml	beurre froid, coupé en morceaux	1 1/2 tasse
125 ml	crème 35 %	1/2 tasse
80 ml	miel tiède	1/3 tasse
	sel et poivre du moulin au goût	
30 ml	dés de tomates fraîches	2 c. à soupe
30 ml	persil italien frais, haché	2 c. à soupe

Méthode

1. Préchauffer le four à 190 °C (375 °F).

2. Huiler et assaisonner les truites, les déposer sur une plaque et les cuire au centre du four de 15 à 20 minutes, selon leur taille.

3. Entre-temps, dans une casserole, cuire à feu doux l'eau, le vinaigre et les échalotes, jusqu'à l'obtention d'une texture de marmelade.

4. Ajouter le beurre graduellement en brassant sans arrêt à l'aide d'une cuillère ou d'un fouet jusqu'à l'obtention d'une texture lisse. Assaisonner au goût.

5. Ajouter la crème et poursuivre la cuisson de 1 à 2 minutes.

6. Incorporer le miel au beurre blanc et chauffer pendant 1 minute.

7. Avant de déposer les truites dans l'assiette de présentation, retirer la peau et les arêtes pour faciliter le service.

8. Servir les truites dans un plat de service avec le beurre blanc au miel et garnir de dés de tomates et de persil.

Chaudrée de saumon

4 PORTIONS

Ingrédients

30 ml	beurre	2 c. à soupe
1	blanc de poireau, émincé	1
1	gousse d'ail, hachée	1
125 ml	maïs en grains	1/2 tasse
500 ml	pommes de terre, en dés	2 tasses
250 ml	carottes pelées, en dés	1 tasse
1,25 litre	fumet (bouillon) de poisson	5 tasses
250 ml	vin blanc	1 tasse
1	feuille de laurier	1
5 ml	thym séché	1 c. à thé
	sel et poivre du moulin au goût	
450 g	saumon coupé en cubes	1 lb
80 ml	crème 35 %	1/3 tasse

Méthode

1. Dans une grande casserole, fondre le beurre et y faire revenir les légumes.

2. Mouiller avec le fumet et le vin et porter à ébullition.

3. Ajouter le laurier et le thym et mijoter de 5 à 8 minutes à feu moyen-doux. Assaisonner au goût.

4. Ajouter les cubes de saumon à la soupe et cuire doucement de 2 à 3 minutes.

5. Ajouter la crème et rectifier l'assaisonnement. Servir immédiatement avec du pain de campagne.

Saumon à la fondue de fenouil

Ingrédients

30 ml	beurre	**2 c. à soupe**
2	bulbes de fenouil, émincés finement	**2**
1	oignon émincé finement	**1**
60 ml	vin blanc	**1/4 tasse**
375 ml	crème 35 %	**1 1/2 tasse**
1	brin de thym frais	**1**
	ou	
1 pincée	thym séché	**1 pincée**
1	feuille de laurier	**1**
	sel et poivre du moulin au goût	
4	filets *ou* darnes de saumon de 150 g (1/3 lb) chacun	**4**

Méthode

1. Préchauffer le four à 200 °C (400 °F).
2. Dans une casserole, fondre le beurre et y faire suer les bulbes de fenouil et l'oignon pendant 5 minutes à feu moyen-doux.
3. Déglacer avec le vin blanc et laisser réduire presque à sec.
4. Incorporer la crème, le thym et le laurier. Cuire à feu moyen jusqu'à épaississement. Assaisonner au goût.
5. Pendant ce temps, déposer les morceaux de saumon sur une plaque antiadhésive, assaisonner au goût et cuire au centre du four de 5 à 7 minutes ou selon l'épaisseur du poisson.
6. Servir le saumon sur la fondue de fenouil.

Note :

Pour plus de fantaisie, on pourra rouler des lanières de filet de saumon et les fixer à l'aide d'une ficelle avant de les cuire au four. Retirer la ficelle avant de servir.

Saumon mariné
au rhum

Ingrédients

45 ml	huile	3 c. à soupe
45 ml	rhum brun	3 c. à soupe
10 ml	gingembre frais, haché	2 c. à thé
1	gousse d'ail, hachée	1
1	citron tranché	1
2 ml	piment de Chili broyé	1/2 c. à thé
600 g	filets de saumon	1 1/3 lb
	sel et poivre du moulin au goût	

Méthode

1. Mélanger les six premiers ingrédients dans un plat peu profond. Assaisonner au goût.

2. Ajouter le poisson, couvrir et réfrigérer de 30 minutes à 1 heure.

3. Retirer le saumon de la marinade en conservant cette dernière. Cuire au four ou sur le gril préchauffé, à intensité moyenne-élevée, de 5 à 7 minutes.

4. Pendant ce temps, dans une petite casserole, faire réduire la marinade du tiers à feu moyen-vif.

5. Servir le poisson sur la sauce accompagné de légumes de saison au choix.

Saumon à la vanille

Ingrédients

1	échalote hachée	1
15 ml	huile d'olive	1 c. à soupe
125 ml	vin blanc	1/2 tasse
125 ml	fumet de poisson	1/2 tasse
250 ml	crème 35 %	1 tasse
1	gousse de vanille, fendue et grattée	1
	sel et poivre du moulin au goût	
1	saumon entier de 900 g (2 lb)	1
5 ml	poivre rose	1 c. à thé
5 ml	persil frais, haché	1 c. à thé

Méthode

1. Préchauffer le gril à intensité moyenne.

2. Dans une casserole, faire suer l'échalote dans l'huile.

3. Déglacer avec le vin, ajouter le fumet et laisser réduire de moitié.

4. Incorporer la crème et la gousse de vanille. Laisser réduire de moitié ou jusqu'à l'obtention d'une consistance onctueuse. Retirer la gousse et assaisonner au goût.

5. Pendant ce temps, cuire le saumon sur le gril de 5 à 7 minutes par côté, selon l'épaisseur du poisson, afin qu'il soit cuit en son centre.

6. Au moment du service, retirer la peau et les arêtes du saumon et servir sur un lit de sauce. Saupoudrer des grains de poivre et du persil.

Darnes de saumon
à la sauce vierge

Ingrédients

1	oignon rouge, haché	1
45 ml	huile d'olive	3 c. à soupe
1	grosse tomate en dés	1
180 ml	olives noires, hachées	3/4 tasse
60 ml	câpres	1/4 tasse
1	citron – jus	1
	sel et poivre du moulin au goût	
30 ml	beurre	2 c. à soupe
4	darnes de saumon de 150 g (1/3 lb) chacune	4

Méthode

1. Dans une casserole, faire suer l'oignon dans l'huile pendant 1 minute.

2. Ajouter le reste des légumes et le jus de citron. Assaisonner au goût. Réserver au chaud.

3. Pendant ce temps, dans un poêlon, fondre le beurre et y faire cuire les darnes de saumon en ne les retournant qu'une seule fois.

4. Servir les darnes accompagnées de la sauce.

Gravlax de saumon

Ingrédients

450 g	filet de saumon frais, sans arêtes et avec la peau	1 lb
60 ml	gros sel	1/4 tasse
60 ml	cassonade	1/4 tasse
30 ml	poivre noir concassé	2 c. à soupe
125 ml	aneth frais, haché	1/2 tasse
1	citron tranché	1
15 ml	cognac, calvados *ou* brandy	1 c. à soupe

Méthode

1. Déposer le filet sur un papier d'aluminium, peau en dessous.

2. Dans un petit bol, mélanger le sel, la cassonade, le poivre et l'aneth. Recouvrir le poisson de ce mélange.

3. Couvrir des tranches de citron et arroser du cognac. Refermer le papier d'aluminium fermement sur le poisson et le déposer dans un plat peu profond.

4. Laisser mariner au réfrigérateur de 24 à 48 heures (24 heures pour une chair moelleuse ou plus longtemps pour plus de saveur).

5. Rincer rapidement le saumon sous l'eau froide, puis l'éponger soigneusement.

6. Trancher finement à l'horizontale ou en biseau.

7. Servir accompagné d'un filet d'huile d'olive et d'un trait de jus de citron ou d'une mayonnaise maison très citronnée.

Achigan

L'achigan fait partie de la famille des crapets. Il vit dans les lacs et les rivières d'Amérique du Nord, où l'on en retrouve deux espèces : l'achigan à petite bouche et l'achigan à grande bouche. Les deux peuvent atteindre une longueur maximale de 65 cm (25 po).

Le nom de ce poisson est un mot algonquin qui signifie « celui qui se débat ». L'achigan est en effet un poisson combatif, ce qui le rend plus difficile à capturer. C'est un poisson de pêche sportive qui n'est que très rarement commercialisé.

Poisson à chair blanche, maigre, floconneuse et très savoureuse, l'achigan s'accommode de tous les genres de cuisson, mais il est surtout poêlé, frit ou cuit à la vapeur.

Achigan à petite bouche

Ce poisson à peau verte, brune ou dorée sur le dos, dorée ou bronzée avec des rayures sombres sur les flancs, est doté d'une mâchoire inférieure proéminente ornée de petites dents. Il mesure en moyenne de 20 à 30 cm (8 à 12 po) et ne pèse pas plus de 1,5 kg (3,3 lb). Il privilégie l'eau fraîche et les endroits rocailleux.

Achigan à grande bouche

Plus robuste que son cousin à petite bouche, qu'il surpasse légèrement en poids et en taille, l'achigan à grande bouche a la peau du dos vert foncé, les flancs verdâtres aux reflets argentés et garnis d'une bande latérale noire. Sa mâchoire se prolonge jusqu'au milieu de l'œil. Il préfère l'eau chaude et les cours d'eau paresseux ou les lacs vaseux.

Croustillant d'achigan et sa mayonnaise à l'estragon

Ingrédients

450 g	filet d'achigan, coupé en lanières minces	1 lb
	sel et poivre du moulin au goût	
125 ml	farine tout usage	1/2 tasse
2	œufs battus	2
30 ml	huile	2 c. à soupe
15 ml	beurre	1 c. à soupe

Mayonnaise à l'estragon

15 ml	moutarde de Dijon	1 c. à soupe
1	jaune d'œuf	1
125 ml	huile végétale	1/2 tasse
1/2	citron – jus	1/2
10 ml	estragon frais, haché	2 c. à thé
	sel et poivre du moulin au goût	

Méthode

1. Dans un bol, assaisonner les lanières de poisson et les fariner généreusement.
2. Ajouter les œufs. Bien mélanger.
3. Dans une poêle, chauffer l'huile et fondre le beurre. Déposer la préparation par grosses cuillerées et aplatir légèrement. Dorer de chaque côté.
4. Servir chaud avec la mayonnaise à l'estragon.

Mayonnaise à l'estragon

1. Dans un bol, mélanger la moutarde et le jaune d'œuf.
2. Incorporer l'huile en filet, tout en remuant à l'aide d'un fouet pour créer l'émulsion.
3. Incorporer le jus de citron et l'estragon. Assaisonner généreusement. Réserver au frais jusqu'au moment de servir.

Achigan farci à la chair de crabe et au guacamole

Ingrédients

600 g	filets d'achigan	**1 1/3 lb**

Farce

180 ml	guacamole	**3/4 tasse**
250 ml	chair de crabe	**1 tasse**
80 ml	chapelure	**1/3 tasse**
	sel et poivre du moulin au goût	
	huile d'olive pour badigeonner	

Méthode

1. Préchauffer le four à 190 °C (375 °F).

2. Couper le filet d'achigan en deux dans le sens de l'épaisseur sans aller jusqu'au bout (papillon). Déposer sur une plaque ou dans un plat allant au four, légèrement huilé.

3. Dans un bol, mélanger tous les ingrédients de la farce. Assaisonner au goût.

4. Étendre la farce sur la moitié inférieure du filet de poisson et rabattre l'autre moitié sur la farce pour le refermer.

5. Badigeonner le poisson d'huile, saler et poivrer.

6. Cuire au four de 12 à 15 minutes ou jusqu'à ce que la cuisson du poisson soit à votre goût et que la farce soit chaude. Servir immédiatement.

Note :

Le guacamole est constitué d'avocats mûrs pilés et citronnés.

Achigan au bajan

Cette recette est inspirée d'une tradition de la Barbade, où l'on farcit une volaille ou un poisson avant de le cuire, pané, à grande friture.

Méthode

1. Préchauffer le four à 200 °C (400 °F).

2. Dans un bol, mélanger les échalotes, le jus de lime, le piment, le thym, l'origan et la sauce Worcestershire. Assaisonner au goût.

3. Enrober les filets de la préparation, puis les déposer sur une plaque ou dans un plat allant au four.

4. Cuire de 12 à 15 minutes selon la grosseur des filets et servir aussitôt.

Ingrédients

4	filets d'achigan de plus 150 g (1/3 lb) chacun	4
2	échalotes françaises, hachées finement	2
1	lime (jus)	1
1	piment fort, haché finement	1
15 ml	thym frais ou séché	1 c. à table
15 ml	origan frais ou séché	1 c. à table
5 gouttes	sauce anglaise Worcestershire	5 gouttes
	sel et poivre du moulin au goût	

Salade d'achigan
à la norvégienne

Méthode

1. Dans un bol, mélanger le raifort, la crème sure, l'oignon et l'aneth. Assaisonner au goût et réserver.

2. Défaire en morceaux la chair de poisson et l'incorporer délicatement au mélange de crème sure. Couvrir et réfrigérer de 1 à 2 heures.

3. Fouetter la crème et l'incorporer à la préparation en pliant à l'aide d'une spatule. Rectifier l'assaisonnement.

4. Dresser dans quatre assiettes et garnir des quartiers d'œufs et des dés de tomates. Servir aussitôt.

Ingrédients

15 ml	raifort haché, dans le vinaigre	1 c. à soupe
250 ml	crème sure	1 tasse
1	oignon haché finement	1
30 ml	aneth frais, haché	2 c. à soupe
900 g	chair d'achigan, cuite et refroidie	2 lb
125 ml	crème 35 %, à fouetter	1/2 tasse
4	œufs durs, coupés en quartiers	4
2	tomates coupées en dés	2
	sel et poivre du moulin au goût	

Achigan en croûte de parmesan

Ingrédients

Croûte

2	gousses d'ail, hachées	2
125 ml	chapelure	1/2 tasse
30 ml	persil frais, haché	2 c. à soupe
60 ml	huile d'olive	1/4 tasse
15 ml	zeste de citron, râpé très finement	1 c. à soupe
60 ml	jus de citron	1/4 tasse
	sel et poivre du moulin au goût	
125 ml	parmesan frais râpé	1/2 tasse
4	portions de filets de saumon de 150 g (1/3 lb) chacune	4

Méthode

1. Mélanger tous les ingrédients de la croûte dans un bol.

2. Déposer les filets de poisson sur une plaque couverte d'un papier parchemin.

3. Recouvrir le poisson avec le mélange au parmesan. Presser la croûte.

4. Cuire au four préchauffé à 200 °C (400 °F), de 7 à 8 minutes ou selon la cuisson désirée.

5. Servir avec du citron, accompagné d'un féculent et de légumes.

Achigan et son beurre citronné aux câpres

Méthode

1. Mélanger le beurre avec la moitié du zeste et du jus de citron. Ajouter les câpres et le persil. Assaisonner au goût.

2. Dans un poêlon, porter le fumet à ébullition avec l'ail, l'oignon, le laurier et le thym. Assaisonner généreusement.

3. Baisser le feu afin que le liquide frémisse. Déposer le poisson dans le bouillon chaud et cuire de 5 à 7 minutes.

4. Entre-temps, faire chauffer le beurre citronné aux câpres à feu doux.

5. Retirer le poisson du bouillon et le déposer immédiatement dans des assiettes. Napper de beurre chaud et servir aussitôt.

Note :

Le beurre citronné peut être préparé à l'avance. Bien emballé, il se conservera jusqu'à une semaine au réfrigérateur.

Ingrédients

80 ml	beurre à la température ambiante	1/3 tasse
1	citron – jus et zeste	1
60 ml	câpres hachées	1/4 tasse
30 ml	persil frais, haché	2 c. à soupe
	sel et poivre du moulin au goût	
500 ml	fumet (bouillon) de poisson	2 tasses
1	gousse d'ail entière	1
1/2	oignon émincé	1/2
1	feuille de laurier	1
1 pincée	thym	1 pincée
600 g	filet de poisson en portions de 150 g (1/3 lb)	1 1/3 lb

Achigan sauce aux pistaches

Ingrédients

10 ml	huile	2 c. à thé
10 ml	beurre	2 c. à thé
4	filets d'achigan de 150 g (1/3 lb)	4
2	échalotes françaises, hachées	2
125 ml	pistaches hachées finement	1/2 tasse
125 ml	vin blanc	1/2 tasse
60 ml	crème 35 %	1/4 tasse
	sel et poivre du moulin au goût	

Méthode

1. Dans un poêlon, chauffer l'huile et y fondre le beurre à feu moyen-vif.

2. Dorer les portions de poisson. Réserver au chaud.

3. Dans la même poêle, faire suer l'échalote et les pistaches à feu moyen.

4. Déglacer avec le vin blanc. Réduire de moitié.

5. Incorporer la crème et laisser réduire jusqu'à l'obtention d'une texture onctueuse. Assaisonner au goût.

6. Servir le poisson nappé de la sauce.

Perche, crapet-soleil et crapet calicot

Perche

La perche fait partie de la famille des percidés. On la trouve presque partout dans le monde, mais elle est très rarement commercialisée.

Il est recommandé de retirer la peau de la perche et de prendre garde aux épines des nageoires et aux nombreuses arêtes. La chair est blanche, maigre et ferme. La perche est souvent pochée, poêlée ou braisée.

La perche a le dos olivâtre, ses flancs jaunâtres s'ornent de 6 à 8 bandes verticales foncées et son ventre est blanc. Ses nageoires dorsales sont de couleur brun-vert, les autres sont rouges ou orangées. Son corps est allongé et comprimé latéralement ; la tête compte pour le tiers de la longueur du corps. Dotée d'une grande bouche garnie de nombreuses dents, la perche mesure de 25 à 50 cm (10 à 20 po) ; elle peut peser jusqu'à 3,5 kg (7,7 lb), mais pèse en moyenne 500 g (1,1 lb).

Crapet

On retrouve les crapets un peu partout dans les lacs et rivières d'Amérique du Nord.

N'étant pas commercialisés, les crapets gagnent à être connus. Leur chair étant délicate, blanche et ferme, presque tous les modes de cuisson s'y prêtent bien, mais on l'apprête surtout frit, grillé ou meunière.

Curry de poisson

Méthode

1. Dans une casserole, fondre le beurre et y faire dorer le poisson. Réserver.

2. Dans la même casserole, faire revenir les oignons avec l'ail et le gingembre.

3. Ajouter les dés de tomate, la poudre de Chili, le curcuma et le cumin. Cuire à feu moyen-doux durant 10 minutes. Assaisonner.

4. Mélanger le yogourt et la crème avant de les verser dans la casserole. Faire mijoter pendant 5 minutes.

5. Déposer le poisson sur la sauce au curry pour en terminer la cuisson. Remuer, servir sur du riz basmati et saupoudrer de coriandre.

Ingrédients

30 ml	beurre	2 c. à soupe
600 g	filet de perche	1 1/3 lb
2	oignons hachés	2
2	gousses d'ail, hachées	2
15 ml	gingembre frais, haché	1 c. à soupe
2	tomates pelées et coupées en dés	2
5 ml	poudre de Chili	1 c. à thé
15 ml	curcuma moulu	1 c. à soupe
5 ml	cumin moulu	1 c. à thé
	sel et poivre du moulin au goût	
250 ml	yogourt nature	1 tasse
125 ml	crème 35 %	1/2 tasse
15 ml	coriandre fraîche, hachée	1 c. à soupe

Perche aux bananes

Ingrédients

4	filets de perche de 150 g (1/3 lb) chacun	4
1	lime – jus et zeste	1
5 ml	huile	1 c. à thé
5 ml	beurre	1 c. à thé
2	bananes mûres, pelées et tranchées en biseau	2
1	échalote française, hachée	1
125 ml	vin blanc	1/2 tasse
	sel et poivre du moulin au goût	

Méthode

1. Préchauffer le four à 180 °C (350 °F).

2. Arroser les filets de jus de lime et assaisonner au goût.

3. Dans une poêle allant au four, chauffer l'huile et y fondre le beurre à feu moyen-vif.

4. Dorer le poisson des deux côtés en ne les retournant qu'une seule fois. Compter de 2 à 3 minutes de cuisson par côté. Réserver.

5. Dans la même poêle, dorer les tranches de bananes et l'échalote dans le gras restant. Réserver sur les filets.

6. Déglacer la poêle avec le vin. Ajouter le zeste de lime et laisser réduire de moitié.

7. Remettre le poisson et les bananes dans la poêle et poursuivre la cuisson au centre du four de 4 à 5 minutes. Servir aussitôt.

Perche pochée aux tomates séchées et aux olives noires

Ingrédients

500 ml	fumet (bouillon) de poisson	2 tasses
1 ou 2	gousses d'ail, dégermées	1 ou 2
125 ml	olives noires, dénoyautées et tranchées	1/2 tasse
1	citron – jus et zeste	1
125 ml	tomates séchées, coupées en morceaux	1/2 tasse
15 ml	persil *ou* basilic frais, haché	1 c. à soupe
	sel et poivre du moulin au goût	
4	portions de perche de 150 g (1/3 lb) chacune	4

Méthode

1. Dans une poêle, porter le fumet à ébullition.

2. Ajouter l'ail, les olives, le jus et le zeste de citron, les tomates séchées, le persil et assaisonner au goût. Laisser mijoter de 3 à 4 minutes.

3. Déposer le poisson dans le bouillon (il doit en être couvert) et cuire en faisant frémir doucement de 5 à 6 minutes.

4. Retirer le poisson du bouillon et récupérer les tomates séchées et les olives comme garniture. Accompagner de pâtes au choix et servir.

Perche sauce gribiche

Ingrédients

15 ml	huile	1 c. à soupe
600 g	filets de perche en morceaux	1 1/3 lb

Sauce

160 ml	mayonnaise maison *ou* du commerce	2/3 tasse
1	œuf cuit dur, haché	1
22 ml	câpres hachées	1 1/2 c. à soupe
1/2	citron – jus	1/2
7 ml	estragon frais	1/2 c. à soupe
1	gousse d'ail, hachée finement	1
	sel et poivre du moulin au goût	

Mayonnaise maison

1	jaune d'œuf	1
7 ml	moutarde de Dijon	1/2 c. à soupe
125 à 160 ml	huile végétale	1/2 à 2/3 tasse
1/2	citron – jus	1/2
	sel et poivre du moulin au goût	

Méthode

1. Dans une poêle, chauffer l'huile à feu moyen-vif et y faire cuire les morceaux de perche de 4 à 5 minutes de chaque côté.

Sauce

1. Entre-temps, mélanger tous les ingrédients de la sauce gribiche. Rectifier l'assaisonnement. Réserver à température ambiante jusqu'à ce que le poisson soit cuit.

2. Servir la sauce avec les morceaux de poisson chauds ou froids.

Mayonnaise maison

1. Dans un bol, battre le jaune d'œuf et la moutarde au fouet.

2. Incorporer l'huile graduellement, en remuant constamment pour créer l'émulsion.

3. Incorporer le jus de citron et assaisonner au goût.

Note :
Utiliser la mayonnaise maison telle quelle ou dans des recettes au lieu de la mayonnaise commerciale. Attention : elle ne se conserve que quelques jours au réfrigérateur.

Perche sauce gribiche

Ingrédients

15 ml	huile	1 c. à soupe
600 g	filets de perche en morceaux	1 1/3 lb

Sauce

160 ml	mayonnaise maison *ou* du commerce	2/3 tasse
1	œuf cuit dur, haché	1
22 ml	câpres hachées	1 1/2 c. à soupe
1/2	citron – jus	1/2
7 ml	estragon frais	1/2 c. à soupe
1	gousse d'ail, hachée finement	1
	sel et poivre du moulin au goût	

Mayonnaise maison

1	jaune d'œuf	1
7 ml	moutarde de Dijon	1/2 c. à soupe
125 à 160 ml	huile végétale	1/2 à 2/3 tasse
1/2	citron – jus	1/2
	sel et poivre du moulin au goût	

Méthode

1. Dans une poêle, chauffer l'huile à feu moyen-vif et y faire cuire les morceaux de perche de 4 à 5 minutes de chaque côté.

Sauce

1. Entre-temps, mélanger tous les ingrédients de la sauce gribiche. Rectifier l'assaisonnement. Réserver à température ambiante jusqu'à ce que le poisson soit cuit.
2. Servir la sauce avec les morceaux de poisson chauds ou froids.

Mayonnaise maison

1. Dans un bol, battre le jaune d'œuf et la moutarde au fouet.
2. Incorporer l'huile graduellement, en remuant constamment pour créer l'émulsion.
3. Incorporer le jus de citron et assaisonner au goût.

Note :

Utiliser la mayonnaise maison telle quelle ou dans des recettes au lieu de la mayonnaise commerciale. Attention : elle ne se conserve que quelques jours au réfrigérateur.

Filets de crapet calicot sur lit de fruits et leur émulsion au thé

Ingrédients

500 ml	fruits au choix, tranchés (mangue, poire, papaye, etc.)	2 tasses
1	échalote française, hachée	1
600 g	filets de crapet calicot	1 1/3 lb
125 ml	vin blanc	1/2 tasse
125 ml	thé fort	1/2 tasse
1	citron – jus et zeste	1
5 ml	gingembre frais, haché	1 c. à thé
30 ml	huile d'olive	2 c. à soupe
2 gouttes	sauce forte (tabasco)	2 gouttes
	sel et poivre du moulin au goût	
60 ml	menthe fraîche, hachée	1/4 tasse

Méthode

1. Préchauffer le four à 180 °C (350 °F).

2. Déposer les fruits et l'échalote dans un poêlon allant au four.

3. Placer les filets de poisson sur les fruits et arroser avec le vin blanc. Couvrir.

4. Cuire au four de 10 à 15 minutes ou selon la grosseur des filets.

5. Dans un bol, à l'aide d'un fouet, émulsionner le thé, le jus et le zeste de citron, le gingembre, l'huile et la sauce forte. Assaisonner au goût.

6. Servir le poisson sur son lit de fruits et ajouter un filet de l'émulsion autour. Saupoudrer de la menthe hachée.

Crapet-soleil à la grecque

Ingrédients

15 ml	huile	1 c. à soupe
1	oignon émincé	1
1	gousse d'ail, hachée	1
1 boîte (540 ml)	tomates broyées	1 boîte (19 oz)
15 ml	origan, ciboulette et thym frais, hachés	1 c. à soupe
125 ml	olives tranchées, au choix	1/2 tasse
	sel et poivre du moulin au goût	
600 g	filets de crapet-soleil	1 1/3 lb
125 ml	fromage feta, émietté	1/2 tasse
1	oignon rouge, tranché finement	1

Méthode

1. Dans une poêle, chauffer l'huile et y faire revenir l'oignon et l'ail de 2 à 3 minutes.

2. Ajouter les tomates et les herbes. Porter à ébullition et laisser mijoter de 5 à 7 minutes.

3. Incorporer les olives. Assaisonner au goût.

4. Déposer les filets de poisson sur la sauce. Couvrir et cuire à feu moyen jusqu'à ce que le poisson soit cuit, soit de 4 à 5 minutes selon l'épaisseur des filets.

5. Servir aussitôt, garni de feta et de tranches d'oignon et accompagné de riz.

Crapet calicot à la moutarde
et au miel

Ingrédients

Marinade

125 ml	yogourt nature	1/2 tasse
60 ml	moutarde à l'ancienne	1/4 tasse
45 ml	miel	3 c. à soupe
	sel et poivre du moulin au goût	

600 g	filets de crapet calicot	1 1/3 lb
60 ml	farine tout usage	1/4 tasse
45 ml	huile	3 c. à soupe

Méthode

1. Mélanger tous les ingrédients de la marinade.
2. Partager les filets en quatre portions.
3. Faire mariner le poisson environ 30 minutes en l'enrobant du mélange à la moutarde. Retirer le poisson de la marinade sans l'égoutter.
4. Dans un poêlon, chauffer l'huile à feu moyen-vif.
5. Entre-temps, enrober les filets de farine. Secouer l'excédent.
6. Cuire les filets dans l'huile chaude de 4 à 5 minutes de chaque côté et servir aussitôt

Crapet calicot à la portugaise

Traditionnellement, le poisson à la portugaise est cuisiné avec de la morue et est accompagné de pain de campagne et de pommes de terre cuites au four et saupoudrées de gros sel.

Méthode

1. Fariner les portions de crapet calicot et secouer l'excédent.
2. Dans une poêle, chauffer l'huile à feu moyen-vif. Faire cuire le poisson avec l'ail. Assaisonner au goût.
3. Garnir le poisson avec les dés de tomates, le persil et les olives et servir.

Ingrédients

45 à 60 ml	farine tout usage	3 à 4 c. à soupe
600 g	filets de crapet calicot	1 1/3 lb
45 ml	huile	3 c. à soupe
4	gousses d'ail, dégermées et hachées	4
	sel et poivre du moulin au goût	
2	tomates coupées en dés	2
45 ml	persil frais, haché	3 c. à soupe
125 ml	olives vertes tranchées	1/2 tasse

Crapet-soleil farci
aux crevettes

Ingrédients

4	filets de crapet-soleil de 150 g (1/3 lb) chacun	4
30 ml	beurre	2 c. à soupe
1	oignon haché	1
60 ml	vin blanc	1/4 tasse
250 ml	petites crevettes crues	1 tasse
125 ml	persil haché	1/2 tasse
1	tomate en dés	1
	sel et poivre du moulin au goût	
60 ml	lait	1/4 tasse
60 ml	farine	1/4 tasse
15 ml	huile	1 c. à soupe
1	quartier de citron	1

Méthode

1. Couper les filets en portefeuille. Réserver.
2. Dans une casserole, fondre le beurre et y faire revenir l'oignon.
3. Incorporer le vin et porter à ébullition.
4. Ajouter les crevettes et poursuivre la cuisson pendant 1 minute ou jusqu'à ce qu'elles soient roses.
5. Ajouter le persil et la tomate . Assaisonner au goût.
6. Farcir les filets et les refermer à l'aide de cure-dents.
7. Tremper les filets dans le lait, les fariner et secouer l'excédent.
6. Dans un poêlon, chauffer l'huile à feu moyen-vif et y faire dorer les poissons des deux côtés en ne les retournant qu'une seule fois. Arroser d'un trait de jus de citron. Servir aussitôt.

Gratin de crapet-soleil
à la courgette

Ingrédients

15 ml	beurre	1 c. à soupe
2	courgettes vertes, tranchées	2
125 ml	champignons tranchés	1/2 tasse
1	gousse d'ail hachée	1
3	œufs battus	3
250 ml	lait *ou* crème *ou* moitié-moitié	1 tasse
	sel et poivre du moulin au goût	
900 g	filets de crapet-soleil sans arêtes, en morceaux	2 lb
30 ml	persil frais haché	2 c. à soupe
125 ml	fromage râpé, de style suisse	1/2 tasse

Méthode

1. Préchauffer le four à 180 °C (350 °F).

2. Dans une casserole, fondre le beurre et y faire revenir les courgettes, les champignons et l'ail de 2 à 3 minutes. Retirer du feu et réserver.

3. Dans un bol, battre les œufs et y incorporer le lait.

4. Incorporer les légumes. Assaisonner au goût.

5. Dans un plat allant au four beurré, déposer les morceaux de poisson.

6. Verser la préparation aux œufs et saupoudrer de persil.

7. Recouvrir de fromage et cuire au centre du four de 20 à 25 minutes ou jusqu'à ce que le fromage soit doré.

Barbue

Barbue de rivière

La barbue fait partie de la famille des pleuronectidés. Ce poisson, très prisé de certains pêcheurs, a une chair foncée et grasse qui est à son meilleur frite, pochée ou braisée. On apprête souvent la barbue au vin, au cidre ou même au champagne.

La couleur de la peau varie beaucoup selon l'âge ; adoptant des teintes de beige ou de gris sur le dos tandis que le ventre est généralement blanc crème. La barbue de rivière peut vivre jusqu'à 20 ans. Elle peut atteindre une taille de 75 cm (30 po), mais mesure en moyenne 50 cm (20 po). Son poids varie de 1 à 2 kg (2,2 à 4,4 lb), généralement autour de 1,5 kg (3,3 lb).

Barbote

La barbote possède aussi une chair foncée et grasse qui se cuisine bien à la meunière ou frite.

Sa peau se décline dans les tons de vert et de brun. Elle mesure de 20 à 30 cm (8 à 12 po) et pèse environ 350 g (0,75 lb).

Bouchées de barbue épicées

Ingrédients

1	citron – jus et zeste	1
45 ml	huile	3 c. à soupe
1	gousse d'ail, hachée	1
5 ml	piment de Cayenne moulu	1 c. à thé
450 g	barbue de rivière, coupée en cubes d'environ 2,5 cm x 2,5 cm (1 po x 1 po)	1 lb
	sel et poivre du moulin au goût	
125 ml	farine	1/2 tasse
5 ml	poudre à pâte	1 c. à thé
1	œuf	1
30 ml	lait	2 c. à soupe
	huile pour la friture	

Trempette à la crème sure

125 ml	crème sure	1/2 tasse
1 pincée	piment de Cayenne moulu	1 pincée
30 ml	persil frais, haché	2 c. à soupe
	sel et poivre du moulin au goût	

Méthode

1. Mélanger le jus de citron, l'huile, l'ail, la moitié du piment de Cayenne et assaisonner généreusement. Faire mariner le poisson dans ce mélange pendant 30 minutes. Égoutter.

2. Entre-temps, mélanger la farine avec la poudre à pâte, le reste du piment de Cayenne, le zeste de citron, le sel et le poivre. Réserver.

3. Battre l'œuf avec le lait. Réserver.

4. Passer les cubes de poisson dans le mélange de farine, puis dans l'œuf battu et repasser dans le mélange de farine.

5. Frire dans l'huile bien chaude jusqu'à ce que les bouchées soient dorées. Servir immédiatement avec une trempette à la crème sure.

Trempette à la crème sure

1. Mélanger tous les ingrédients.

2. Réserver au frais jusqu'au moment de servir.

Barbue de rivière pochée aux framboises

Ingrédients

125 ml	fumet (bouillon) de poisson	1/2 tasse
125 ml	vin blanc	1/2 tasse
15 ml	vinaigre de framboises	1 c. à soupe
	sel et poivre du moulin au goût	
30 ml	beurre	2 c. à soupe
2	échalotes françaises, hachées	2
250 ml	coulis de framboises non sucré	1 tasse
600 g	filet de barbue de rivière	1 1/3 lb
30 ml	ciboulette fraîche, hachée au goût	2 c. à soupe

Méthode

1. Dans une poêle profonde, porter à ébullition le fumet, le vin blanc et le vinaigre de framboises. Assaisonner.

2. Entre-temps, dans une casserole, fondre le beurre et y faire revenir les échalotes françaises. Ajouter le coulis de framboises et assaisonner au goût.

3. Déposer le poisson dans la poêle et faire pocher de 4 à 5 minutes dans le bouillon chaud frémissant.

4. Récupérer 125 ml (1/2 tasse) du bouillon de cuisson du poisson, le mettre dans le coulis et ajouter la ciboulette.

5. Servir le poisson sur la sauce chaude.

Note :

On trouve des coulis de framboises sur le marché, mais il est facile à faire à la maison en cuisant des framboises avec quelques gouttes de jus de citron, du sel et du poivre. Réduire en purée et passer au tamis.

Barbue de rivière
sauce anisée

Ingrédients

30 ml	beurre	2 c. à soupe
1	échalote française, hachée	1
5 ml	graines de fenouil	1 c. à thé
1	blanc de poireau, émincé finement	1
125 ml	vin blanc	1/2 tasse
4 graines	anis étoilé	4 graines
15 ml	beurre	1 c. à soupe
15 ml	farine	1 c. à soupe
250 ml	crème 35 %	1 tasse
	farine assaisonnée de sel et de poivre	
4	filets de barbue de rivière de 150 g (1/3 lb)	4
30 ml	huile	2 c. à soupe
15 ml	beurre	1 c. à soupe
	sel et poivre du moulin au goût	
15 ml	estragon frais, haché	1 c. à soupe

Méthode

1. Dans une casserole, fondre le beurre et y faire suer l'échalote, les graines de fenouil et le poireau.

2. Déglacer avec le vin et ajouter l'anis. Laisser réduire de moitié.

3. Pendant ce temps, mélanger le beurre et la farine, de façon à obtenir un beurre manié. Réserver.

4. Incorporer la crème et poursuivre la cuisson pendant 5 minutes.

5. Entre-temps, fariner les filets de poisson, secouer l'excédent.

6. Dans une poêle, chauffer l'huile et y faire fondre le beurre à feu moyen-vif. Cuire le poisson de 4 à 5 minutes de chaque côté en le retournant une seule fois.

7. Incorporer le beurre manié à la sauce et poursuivre la cuisson jusqu'à l'obtention d'une texture onctueuse.

8. Assaisonner au goût et ajouter l'estragon.

9. Servir aussitôt la barbue de rivière nappée de sauce.

Barbue sauce au vin rouge

Ingrédients

45 ml	beurre	3 c. à soupe
1	oignon haché finement	1
2	échalotes françaises, hachées	2
500 ml	pleurotes tranchés	2 tasses
45 ml	farine	3 c. à soupe
375 ml	vin rouge	1 1/2 tasse
125 ml	fumet (bouillon) de poisson	1/2 tasse
45 ml	crème 35 %	3 c. à soupe
4	filets de barbue de 150 g (1/3 lb)	4
	sel et poivre du moulin au goût	

Méthode

1. Préchauffer le four à 200 °C (400 °F).

2. Dans une casserole, fondre le beurre et y faire suer les légumes.

3. Épaissir avec la farine hors du feu.

4. Incorporer le vin rouge. Porter à ébullition et laisser mijoter pendant 5 minutes.

5. Incorporer le fumet et poursuivre la cuisson durant 5 minutes ou jusqu'à l'obtention d'une texture onctueuse.

6. Ajouter la crème et assaisonner au goût.

7. Pendant que la sauce cuit, déposer les filets de poisson sur une plaque antiadhésive. Assaisonner et cuire au centre du four de 5 à 7 minutes, selon l'épaisseur des filets. Assaisonner au goût. Servir le poisson nappé de la sauce.

Barbue sauce aux tomates

Ingrédients

4	morceaux de filets de barbue de 150 g (1/3 lb)	4
	farine tout usage assaisonnée de sel et de poivre du moulin	
30 ml	huile	2 c. à soupe
3	gousses d'ail, hachées grossièrement	3
2	oignons émincés	2
1 boîte (540 ml)	tomates en dés	1 boîte (19 oz)
250 ml	jus de tomates	1 tasse
1	lime – jus	1
1	piment fort style jalapeño, haché finement	1
30 ml	câpres égouttées	2 c. à soupe
1	feuille de laurier	1
	quartiers de lime pour accompagner et décorer	

Méthode

1. Fariner les morceaux de poisson et secouer l'excédent.

2. Chauffer l'huile dans une poêle, ajouter l'ail et le faire revenir de 2 à 3 minutes à feu doux pour le dorer. Retirer l'ail et le conserver pour une autre utilisation.

3. Dans la même poêle, disposer les filets et les dorer à feu vif de 1 à 3 minutes de chaque côté. Retirer les filets et les réserver dans une assiette.

4. Cuire les oignons dans la même poêle jusqu'à ce qu'ils soient tendres. Ajouter les tomates, le jus de tomates, le jus de lime, le piment, les câpres et la feuille de laurier. Porter à ébullition, couvrir et mijoter pendant 15 minutes à feu doux.

5. Ajouter le jus des filets de poisson qui s'est formé dans l'assiette, augmenter le feu et cuire à découvert de 2 à 3 minutes, pour que la sauce épaississe. Remuer fréquemment. Retirer la feuille de laurier.

6. Déposer le poisson sur la sauce, couvrir et laisser mijoter à feu doux de 4 à 5 minutes pour compléter la cuisson.

7. Servir aussitôt les filets, avec la sauce, et garnir de lime.

Bar

Bar d'Amérique

Le bar d'Amérique est un poisson à chair maigre qui se prête bien à divers modes de cuisson : grillé, braisé ou cuit au four.

Sa peau est vert olive ou bleuâtre, et tend vers le noir sur le dos ; plus pâle sur les flancs, ornés de 7 ou 8 bandes horizontales foncées ; blanc argenté sur le ventre. Son poids peut atteindre 18,4 kg (40 lb).

Bar blanc

Le bar blanc vit généralement dans la mer et vient se reproduire en eau douce. Toutefois, certaines espèces restent en eau douce toute leur vie. Le bar blanc est, lui aussi, un poisson à chair maigre, d'une mollesse et d'un goût délicat. Il peut s'apprêter de différentes façons : poêlé, braisé, poché ou cuit au four.

Son dos est d'une teinte olive tirant sur le gris et son ventre, blanc argenté. Il peut atteindre une longueur de 56 cm (22 po), mais il mesure en moyenne 24 cm (9 po) et a un poids moyen de 450 g (1 lb), pouvant atteindre les 2,3 kg (5 lb).

Filets de bar blanc en croûte de sésame

Ingrédients

4	filets de bar blanc de 150 g (1/3 lb)	4
	farine assaisonnée de sel et de poivre	
1	œuf battu	1
80 ml	graines de sésame	1/3 tasse
15 ml	huile	1 c. à soupe
15 ml	beurre	1 c. à soupe
1/2	citron en quartiers	1/2
	sel et poivre du moulin au goût	

Méthode

1. Fariner les filets de bar puis les tremper dans l'œuf.

2. Les enrober ensuite avec les graines de sésame. Réserver.

3. Dans un poêlon, chauffer l'huile et y fondre le beurre à feu moyen-vif.

4. Dorer les filets des deux côtés en ne les retournant qu'une seule fois.

5. Arroser les filets d'un trait de jus de citron.

6. Assaisonner au goût et servir aussitôt.

Note :

Pour un poisson plus gras, il n'est pas nécessaire de fariner les filets et de les tremper dans l'œuf avant de les enrober de graines de sésame.

Grillades de bar d'Amérique aux tomates et aux agrumes

4 PORTIONS

Ingrédients

4	filets de bar d'Amérique de 150 g (1/3 lb)	4
45 ml	huile d'olive	3 c. à soupe

	Sauce	
2	tomates fraîches	2
1	lime *ou* citron, pelé	1
80 ml	vin blanc	1/3 tasse
160 ml	jus d'orange	2/3 tasse
30 ml	huile	2 c. à soupe
1	échalote française, hachée	1
15 ml	herbes fraîches au choix (basilic, origan, romarin, sauge, etc.)	1 c. à soupe
	ou	
5 ml	herbes séchées	1 c. à thé
	sel et poivre du moulin au goût	

Méthode

1. Badigeonner les filets d'huile et les assaisonner.

2. Cuire sur le gril préchauffé ou dans une poêle striée, de 4 à 5 minutes par côté.

3. Entre-temps, à l'aide du mélangeur ou du robot culinaire, broyer les tomates avec la lime ou le citron.

4. Ajouter le vin, le jus d'orange, l'huile, l'échalote, l'herbe choisie, le sel et le poivre.

5. Servir les filets grillés sur un nid de laitue et de légumes avec l'émulsion aux tomates et aux agrumes.

Papillotes de bar d'Amérique à la salsa d'ananas

Ingrédients

Salsa

375 ml	ananas frais ou en conserve, coupé en dés	1 1/2 tasse
1	tomate épépinée et coupée en dés	1
60 ml	coriandre fraîche, hachée	1/4 tasse
45 ml	oignon rouge, haché	3 c. à soupe
7 ml	sucre	1/2 c. à soupe

Papillotes

1	petit oignon coupé en tranches minces	1
45 ml	sauce soja	3 c. à soupe
60 ml	huile	1/4 tasse
45 ml	jus de lime	3 c. à soupe
1	gousse d'ail, hachée	1
4	morceaux de filet de bar d'Amérique de 150 g (1/3 lb) chacun	4
4	brins de coriandre fraîche	4
	sel et poivre du moulin au goût	

Méthode

1. Dans un bol, mélanger tous les ingrédients de la salsa. Saler et poivrer au goût et réserver au frais (peut être faite 2 heures à l'avance).

2. Dans un plat peu profond (pas en aluminium), mélanger l'oignon tranché, la sauce soja, l'huile, le jus de lime et l'ail.

3. Ajouter le poisson, retourner les morceaux pour les enrober. Couvrir et laisser mariner pendant 30 minutes.

4. Tailler quatre carrés de papier d'aluminium. Déposer sur chacun d'eux un carré de papier parchemin. Disposer chaque portion au centre d'un des carrés. Arroser de marinade, au goût.

5. Garnir d'un brin de coriandre, plier le papier de façon à former une papillote et sceller hermétiquement.

6. Cuire le poisson sur le gril ou au four préchauffé à 200 °C (400 °F), de 8 à 10 minutes. Servir le poisson immédiatement avec la salsa froide ou tiède.

Bar d'Amérique à l'orientale

Ingrédients

30 ml	huile	2 c. à soupe
1 paquet	oignons verts, hachés	1 paquet
1 ou 2	gousses d'ail, hachées	1 ou 2
15 ml	gingembre frais, haché	1 c. à soupe
4	champignons shiitake, émincés	4
600 g	filet de bar d'Amérique	1 1/3 lb
15 ml	fécule de maïs	1 c. à soupe
30 à 45 ml	sauce soya	2 à 3 c. à soupe
22 ml	huile de sésame	1 1/2 c. à soupe
250 ml	fumet (bouillon) de poisson	1 tasse
22 ml	sauce de poisson (nuoc-mâm)	1 1/2 c. à soupe
1 pincée	cinq épices chinoises	1 pincée
30 ml	sucre *ou* miel	2 c. à soupe

Méthode

1. Chauffer la moitié de l'huile dans une grande poêle pour y faire sauter les oignons verts, l'ail, le gingembre et les champignons. Réserver.

2. Dans la même poêle, faire dorer le poisson, à feu vif, dans le reste de l'huile.

3. Entre-temps, mélanger le reste des ingrédients avec les légumes et le gingembre. Verser sur le poisson et laisser mijoter à feu doux pour obtenir une sauce plus épaisse. Si nécessaire, compléter la cuisson du poisson dans la sauce avant de servir avec du vermicelle de riz et des épinards croustillants.

Bar d'Amérique au coulis de carottes et de pêches

Ingrédients

1	oignon haché	1
	ou	
2	échalotes françaises, hachées	2
3	grosses carottes, coupées en petits dés *ou* tranchées finement	3
15 ml	beurre *ou* huile	1 c. à soupe
45 ml	vin blanc	3 c. à soupe
125 ml	fumet (bouillon) de poisson	1/2 tasse
1	pêche mûre, pelée et coupée en dés	1
4	darnes de bar d'Amérique de 150 g (1/3 lb) chacune	4
	sel et poivre du moulin au goût	

Méthode

1. Préchauffer le gril à intensité moyenne-élevée ou le four à 200 °C (400 °F).

2. Dans une casserole, faire suer l'oignon et les carottes au beurre à feu moyen-vif.

3. Déglacer avec le vin blanc et laisser réduire de moitié.

4. Incorporer le fumet et laisser mijoter à feu moyen de 8 à 10 minutes.

5. Ajouter la pêche et poursuivre la cuisson pendant 5 minutes.

6. Réduire en purée, au robot culinaire ou au mélangeur, jusqu'à l'obtention d'une texture lisse et assaisonner au goût. Réserver au chaud.

7. Faire griller les darnes de 10 à 15 minutes en les retournant une seule fois. Ajuster la cuisson selon l'épaisseur des morceaux.

8. Servir le bar grillé nappé du coulis et accompagné de légumes verts de votre choix.

Bar d'Amérique grillé et sa garniture d'avocats et de pamplemousses roses

Ingrédients

Vinaigrette

250 ml	jus de pamplemousse rose	**1 tasse**
45 ml	sirop d'érable	**3 c. à soupe**
15 ml	moutarde de Dijon	**1 c. à soupe**
	sel et poivre du moulin au goût	

2	avocats mûrs, tranchés	**2**
2	pamplemousses roses, en suprêmes ou tranchés, sans pelure	**2**
4	filets ou darnes de bar d'Amérique de 150 g (1/3 lb) chacun	**4**

Méthode

1. Préparer la vinaigrette en mélangeant tous les ingrédients. Fouetter pour obtenir une préparation lisse et homogène.

2. Déposer le poisson dans un plat peu profond et y verser la moitié de la vinaigrette. Laisser mariner de 45 minutes à 1 heure au réfrigérateur.

3. Retirer le poisson de la marinade et faire griller sur le barbecue ou dans une poêle striée, préalablement chauffée à intensité moyenne-élevée.

4. Entre-temps, arroser les tranches d'avocats et les suprêmes de pamplemousses avec la deuxième part de vinaigrette. Partager dans des assiettes.

5. Ajouter le poisson grillé et accompagner de riz.

Doré

Le doré fait partie de la famille des perches. Il vit dans les eaux fraîches des lacs et des grandes rivières. Ce poisson se distingue du brochet par ses deux nageoires dorsales – le brochet n'en a qu'une. Le doré possède un corps long, à peine aplati, une bouche large, une mâchoire robuste et une dentition fournie. Il en existe deux espèces : le doré noir et le doré jaune.

Le doré est un poisson à chair ferme, comme la perche et le brochet ; il s'apprête donc de la même façon. Ces poissons supportent tous les types de cuisson et on les cuisine souvent entiers ou en filet. La chair du doré est blanche, maigre, délicate et savoureuse.

Le doré jaune a la peau du dos et des flancs d'un brun olivâtre pouvant aller jusqu'au jaune, avec de petites taches jaunes ou or et des lignes obliques foncées. Son ventre est blanc. Plus grand représentant de la famille des perches, il atteint une longueur de 30 à 55 cm (12 à 22 po) et pèse de 1 à 5 kg (2,2 à 11 lb). Son corps est plus mince que celui du doré noir, mais ses yeux sont plus grands et plus foncés.

Paupiettes de doré aux épinards et au fromage

Ingrédients

4	filets de doré de 150 g (1/3 lb) chacun	4
4	tranches de fromage suisse *ou* autre fromage au choix	4
1 paquet (227 g)	épinards frais, lavés et équeutés	1 paquet (1/2 lb)
1	poivron rouge, coupé en lanières	1
1	échalote française, hachée	1
10 ml	beurre	2 c. à thé
180 ml	eau *ou* fumet (bouillon) de poisson	3/4 tasse
	sel et poivre du moulin au goût	

Méthode

1. Disposer les filets de poisson sur une planche de travail, saler et poivrer.

2. Déposer les tranches de fromage sur le poisson. Couvrir de feuilles d'épinards et ajouter une bande de poivron rouge à la plus petite extrémité des filets. Réserver le surplus de poivron.

3. Rouler la paupiette en commençant du côté du poivron et l'attacher à l'aide d'une ficelle ou la piquer avec des cure-dents. Déposer dans un plat allant au four, beurré.

4. Cuire au four à 180 °C (350 °F), de 12 à 15 minutes ou selon la cuisson désirée.

5. Entre-temps, dans une casserole, faire revenir l'échalote et le reste des épinards dans le beurre.

6. Ajouter l'eau, le sel et le poivre, porter à ébullition et laisser mijoter pendant 10 minutes.

7. Couler la préparation pour obtenir un coulis, rectifier l'assaisonnement.

8. Verser le coulis au fond de l'assiette, ajouter la paupiette et décorer du reste de poivron rouge en brunoise (petits dés) ou en julienne.

9. Servir chaud avec un féculent et des légumes chauds, ou une salade.

Doré à la bière blonde et au gingembre

Ingrédients

30 ml	huile	2 c. à soupe
1	oignon émincé	1
2	gousses d'ail, hachées	2
250 ml	haricots jaunes, coupés en deux	1 tasse
2	courgettes tranchées	2
2	carottes tranchées	2
1	poivron rouge, en lanières	1
15 ml	gingembre frais, haché	1 c. à soupe
1 bouteille (341 ml)	bière blonde	1 bouteille (12 oz)
	sel et poivre du moulin au goût	
600 g	doré en cubes	1 1/3 lb
15 ml	beurre	1 c. à soupe
15 ml	farine	1 c. à soupe
	coriandre fraîche	

Méthode

1. Dans une poêle, chauffer l'huile et faire sauter les légumes et le gingembre de 3 à 4 minutes.
2. Ajouter la bière, porter à ébullition et laisser mijoter pendant 2 minutes. Saler et poivrer au goût.
3. Déposer les cubes de poisson dans la sauce et cuire à couvert de 3 à 4 minutes.
4. Retirer le poisson et les légumes.
5. Épaissir la sauce avec le mélange de beurre et de farine (beurre manié).
6. Remettre le poisson et les légumes dans la sauce, réchauffer et servir sur un nid de riz. Garnir de brins de coriandre fraîche.

Doré à la ratatouille

Ingrédients

30 ml	huile d'olive	2 c. à soupe
1	courgette verte, en dés	1
1	courgette jaune, en dés	1
1	poivron rouge, en dés	1
1	poivron vert, en dés	1
375 ml	champignons, en quartiers	1 1/2 tasse
1	oignon émincé	1
2 ou 3	gousses d'ail, émincées	2 ou 3
250 ml	sauce tomate maison *ou* commerciale	1 tasse
	sel et poivre du moulin au goût	
	basilic et origan, frais *ou* séché, au goût	
375 ml	fumet (bouillon) poisson	1 1/2 tasse
1	brin d'origan frais	1
	ou	
5 ml	origan séché	1 c. à thé
4	portions de doré (filets *ou* darnes) de 150 g (1/3 lb)	4

Méthode

1. Dans une casserole, chauffer l'huile et y faire revenir les légumes.

2. Ajouter la sauce tomate, le sel et le poivre et cuire de 4 à 5 minutes. Incorporer les herbes à la dernière minute.

3. Pendant ce temps, dans une poêle, porter le fumet à ébullition. Assaisonner au goût et ajouter l'origan.

4. Déposer le poisson dans le bouillon et cuire (pocher) de 4 à 5 minutes ou selon l'épaisseur des morceaux, sans faire bouillir.

5. Servir le doré sur un nid de ratatouille accompagné de couscous ou de riz.

Doré mariné au basilic et sa sauce crémeuse aux poivrons rouges

Ingrédients

Marinade

60 ml	huile	1/4 tasse
1	citron – jus	1
60 ml	basilic frais, haché	1/4 tasse
1	gousse d'ail, hachée	1

Sauce

15 ml	beurre	1 c. à soupe
2	poivrons rouges hachés finement	2
1	petit oignon haché finement	1
80 ml	vin blanc	1/3 tasse
30 ml	sucre	2 c. à soupe
125 ml	crème 35 %	1/2 tasse
	basilic frais, haché, pour décorer	
	sel et poivre du moulin au goût	
4	filets de doré de 150 g (1/3 lb) chacun	4
	ou	
1 kg	doré entier	2,2 lb

Méthode

1. Mélanger tous les ingrédients de la marinade. Mariner le poisson de 30 minutes à 1 heure au maximum, au réfrigérateur.

2. Pendant ce temps, dans un poêlon, fondre le beurre et y faire revenir le poivron et l'oignon.

3. Déglacer avec le vin blanc et réduire d'un tiers. Incorporer le sucre durant la réduction.

4. Ajouter la crème et cuire jusqu'à l'obtention de la texture désirée (la crème épaissit durant la cuisson). Rectifier l'assaisonnement.

5. Préchauffer le gril à intensité moyenne-élevée et cuire les filets en papillotes (ou le poisson entier) de 6 à 7 minutes de chaque côté.

6. Servir sur un lit de sauce et garnir de basilic frais.

Note :

Vous pouvez badigeonner le doré avec la marinade durant la cuisson pour donner encore plus de saveur.

Doré sauce crème
au safran

Ingrédients

15 ml	beurre	1 c. à soupe
60 ml	échalotes françaises, hachées	1/4 tasse
125 ml	vin blanc	1/2 tasse
1 ml	pistils de safran	1/4 c. à thé
15 ml	beurre	1 c. à soupe
4	filets de doré de 150 g (1/3 lb)	4
250 ml	crème 35 %	1 tasse
15 ml	ciboulette fraîche, hachée	1 c. à soupe
	sel et poivre du moulin au goût	

Méthode

1. Dans une casserole, fondre le beurre à feu moyen-vif et y faire suer les échalotes pendant 5 minutes.

2. Déglacer avec le vin et ajouter le safran. Laisser réduire de moitié à feu moyen-vif.

3. Pendant ce temps, dans une poêle, faire fondre le beurre à feu moyen-vif et y faire cuire les filets de poisson en les retournant une seule fois. Assaisonner au goût.

4. Incorporer la crème à la réduction de vin et poursuivre la cuisson jusqu'à l'obtention d'une texture onctueuse. Assaisonner au goût.

5. Ajouter la ciboulette à la sauce.

6. Servir le doré accompagné de la sauce et de votre garniture préférée.

Brochet

Le brochet possède une grande bouche renfermant plus de 700 dents, ce qui en fait un prédateur redoutable pour les grenouilles, les canards et autres petits mammifères. Il donne aussi beaucoup de difficulté aux pêcheurs, car il est très résistant.

La chair du brochet est pâle et grasse. Elle goûte parfois la vase. Pour faire disparaître ce goût désagréable, il suffit de faire tremper le poisson dans de l'eau froide additionnée de vinaigre (250 ml [1 tasse] d'eau pour 15 à 30 ml [1 à 2 c. à soupe] de vinaigre), une à deux heures avant de l'utiliser. Le brochet s'accommode de différentes façons :

braisé, poché ou à la meunière. Toutefois, il est préférable de le tailler ou de le hacher avant cuisson afin de débarrasser la chair de ses nombreuses arêtes. Les plus petits brochets ont meilleur goût que les gros.

On recommande de ne pas trop laver ce poisson car son enduit visqueux le rend plus tendre.

Le brochet revêt des tons de vert et de brun sur la tête et son corps est parsemé de taches pâles. Il mesure de 70 à 100 cm (28 à 39 po) de longueur et son poids varie de 2 à 7,5 kg (4,4 à 16,5 lb).

Poires farcies au brochet

Ingrédients

80 ml	yogourt nature	1/3 tasse
1/2	lime – jus	1/2
10 ml	pâte de curry *ou* curry en poudre	2 c. à thé
375 ml	brochet cuit, émietté	1 1/2 tasse
60 ml	poivron rouge en brunoise (petits dés)	1/4 tasse
2	oignons verts, hachés	2
60 ml	concombres en brunoise	1/4 tasse
	sel et poivre du moulin au goût	
	coriandre fraîche, hachée, au goût	
2	poires mûres fraîches *ou* en conserve, coupées en deux et vidées	2

Méthode

1. Dans un bol, mélanger le yogourt, le jus de lime et la pâte de curry.
2. Ajouter le poisson et les légumes.
3. Assaisonner et incorporer la coriandre.
4. Partager le mélange de poisson en le disposant sur la face creusée de la poire.
5. Servir les poires farcies au brochet avec quelques feuilles de laitue.

Note : Tailler le bout arrondi à la base de la poire pour la faire tenir dans l'assiette.

Saucissons de poisson

Ingrédients

450 g	chair de brochet crue	1 lb
2	blancs d'œuf	2
60 ml	chapelure	1/4 tasse
125 ml	crème 35 %	1/2 tasse
125 ml	petites crevettes décortiquées et hachées	1/2 tasse
125 ml	pétoncles hachés grossièrement	1/2 tasse
30 ml	huile	2 c. à soupe
1	blanc de poireau émincé finement	1
2	carottes, taillées en brunoise	2
125 ml	poivron rouge, taillé en brunoise	1/2 tasse
2	gousses d'ail, hachées	2
15 ml	zeste de citron	1 c. à soupe
15 ml	estragon frais, haché	1 c. à soupe
	sel et poivre du moulin au goût	

Vinaigrette

180 ml	huile d'olive	3/4 tasse
15 ml	huile de sésame	1 c. à soupe
30 ml	jus de citron frais pressé	2 c. à soupe
30 ml	sauce tamari	2 c. à soupe
1	gousse d'ail, hachée	1
5 ml	gingembre frais, haché	1 c. à thé
5 ml	estragon frais, haché	1 c. à thé

Méthode

1. Au robot culinaire, mélanger la chair de poisson, les blancs d'œuf et la chapelure, jusqu'à l'obtention d'un mélange homogène.

2. Incorporer la crème sans trop mélanger.

3. Verser dans un grand bol. Ajouter les crevettes et les pétoncles. Bien mélanger et réfrigérer.

4. Dans une poêle, chauffer 15 ml (1 c. à soupe) d'huile et faire sauter les légumes de 5 à 8 minutes. Laisser tiédir et incorporer au poisson. Incorporer les zestes et l'estragon. Réfrigérer.

5. Sur un morceau de pellicule de plastique, former des saucissons de 3 cm x 10 cm (1 1/4 po x 4 po) à l'aide d'une poche à pâtisserie munie d'une douille lisse. Envelopper chaque saucisson dans la pellicule et bien refermer les extrémités. Réfrigérer.

6. Porter 2 litres (8 tasses) d'eau à ébullition et y plonger les saucissons. Cuire à feu doux de 8 à 10 minutes. Laisser refroidir.

7. Au moment de servir, chauffer le reste de l'huile et y faire dorer les saucissons.

8. Les couper en médaillons et les servir sur un lit de laitue ou en amuse-gueule, garnis de vinaigrette et de sauce tamari.

Vinaigrette

1. Mélanger tous les ingrédients et servir.

Index